무심한 바람이 붉다

리토피아포에지 · 95
무심한 바람이 붉다

인쇄 2019. 11. 6 발행 2019. 11. 11
지은이 황길엽 펴낸이 정기옥
펴낸곳 리토피아
출판등록 2006. 6. 15. 제2006-12호
주소 22162 인천 미추홀구 경인로 77
전화 032-883-5356 전송032-891-5356
홈페이지 www.litopia21.com 전자우편 litopia@hanmail.net

ISBN-978-89-6412-122-1 03810

값 9,000원

이 도서의 국립중앙도서관 출판예정도서목록(CIP)은 서지정보유통지원시스템 홈페이지(http://seoji.nl.go.kr)와 국가자료종합목록 구축시스템(http://kolis-net.nl.go.kr)에서 이용하실 수 있습니다.(CIP제어번호 : CIP2019043722)

* 본 도서는 2019년 부산광역시, 부산문화재단 지역문화예술 특성화지원사업으로 지원받아 제작하였습니다.

황길엽 시집

무심한 바람이 붉다

리토피아
LITERATURE & UTOPIA

시인의 말

먼발치로 멀어지는 태양에 밀려,
호수에 내린 나무그림자
물결이 흔들릴 때마다
수면 위로 떠오른 물고기 밥이 된다.
지친 길에 헛디딘 발목
잠시 쉬어갈 수 있는,
시편들로
여섯 번째 시집을 묶어,
세상 밖으로 나오는 부끄러움과 또 설렘이
일상과 시작詩作을 치열하게
병행하는 행복인가 싶다.

2019년 가을
황길엽

차례

2부 그 쓸쓸함에 대하여

제3부 그리움

제4부 길 위에서

| 제1부 |

나의 길

흔들리는 사월

온통 세상 밖으로 흩어지는
눈부심으로 펄럭이는 봄, 봄

텅 빈 공간 가득 메우고
심란하고 낯설었던 거리
통통 쇳소리로 몸부림치며
훌러덩 내려앉는 바람꽃

스치듯 지나가는 풍경
하얗게 밀려오는 꽃잎 사이로
좁은 골목길 한참을 기웃대다
젖은 심장 안에
채웠다가 지워지는 것들
사월의 몸짓이다

봄을 훔치는 꽃바람
술렁이는 꽃들의 반란이다

가벼워지기

직선에서 곡선으로

허공을 찍고 지상을 향해
휘어져 내리는 바람

발걸음이 철벅일 때마다
변덕스럽게 흔들어대는 욕망은
부질없다고 비우면
허허로운 바람으로 부풀어

풀어지는 바람처럼 추억이나 기억은
조금씩 멀어져 가는 풍경으로 밀쳐두고

길바닥에 주저앉은 햇살 한 움큼
손바닥에 올려놓으면 그 무게만큼
곡선으로 휘어져서
찰나에 가벼움으로 흩어져

〉

촘촘하게 살아온 지난날의 욕망도
비우는 만큼 또 다른 설렘

인생에는 U턴이 없다

눈썹달 같은 신호, U턴이다

불빛들 길을 좇아 흐르고

반대편으로 미끄러져 가는 자동차

건너편 풍경들 다시 돌아와

길 가장자리

거만스럽게 버티고 선 신호등,

방향등 무시하고 360°로 회전한다

인생이 달리는 길에는

신호위반, U턴이 없다

세월 흐름에 직진으로만 지날 뿐

U턴도 정지신호도 없는 인생길

하루는 왔다가 또 하루를 만나는

반복의 연속에 늘어가는 인생의 나이테

삶의 부피는 모두

묵묵히 공유하는 시간에 채워진다

거울 속 여자

보이는 것이 전부는 아니다

한 번도 읽혀지지 않은
낯선 얼굴들
그대 몸 안에 스며들어
굴절되어 오는 그 소리들
사각 액자 안에서 미끄러지듯 사라진다

고요한 밤, 울컥
목울대를 흔들어 놓고
여자는 대각선으로 서서
지난날들을 펼쳐든다

천천히 아주 천천히
술렁이는 유리벽
얼마나 많은 시간들이 숨죽이고 살았을까

그녀의 거울은 반사되듯 빛나고
등 뒤로 어둠의 소리 묻으며
다시 여자의 얼굴을 가린다

봄날의 아우성

화사한 봄볕에 바람은 탱탱하게 부풀어 세상 향해 반항하듯 펄럭인다 겨우내 숨죽이고 기다렸던 시간, 수치심도 모르고 훌훌 벗어 던진다 사방으로 뻗어있는 길, 무수히 찍고 간 발자국마다 아득히 먼 기억 속 유년이 낯익은 목소리로 파릇하게 피어나는 소리 그리움은 부풀어 허공으로 폈다 오므렸다 바람 길로 따라 나선다

봄을 유혹하는 아지랑이 피어오르는 시골길, 뽀드득 뽀드득 걸음마다 꽃잎들이 지천에서 출렁인다

빗소리

누군가 창문 두들기는 소리

후드득거리고 끊임없이 흘러내리는 빗줄기였네

밤이 깊을수록

귓가에 자글자글 그리움 풀어놓고

오랜 시간 창에 붙어

하늘의 울음은 꺼이꺼이 목이 쉬었네

깊은 밤은 빗소리로 출렁이고

침대 끝에 가지런히 놓인 기억

빗소리 안고 새벽까지 잠들지 못하네

꽃, 피었다 지고

직선 따라 흔들리는 사람들
한 걸음씩 성큼성큼 봄을 들고
푸른 길을 걷는다

진하게 퍼지는 꽃향기에 발걸음 잡혔다가
하얗게 빛나는 꽃 그림자 밟아간다

수많은 꽃들이 피었다 지고 다시 피고
거리를 온통 붉게 흔들지만 꽃 진 자리
깊은 상처에 다져진 멍울진 꽃대궁
화들짝 웃다가 또 울다가
꽃물로 그리움 쏟은 자리 핑크빛이다

투명했던 거리는 붉게 흔들리고
곡선을 그리며 봄이 깊어진 길에
날카롭게 혹은 부드럽게 내려오는 봄 햇살

빛났던 시간, 한참을 서성이다 나란히 꽃이 된다

수줍다

사방에서 요염하게 벙글고 앉아

짧게 끝날 운명에

가장 아름답게, 가장 화려하게

사방으로 눈부시게 번지는

여린 잎사귀와 바람의 만남

거리를 하얗게 물들이는 벚꽃 잎

달달한 소리로 발걸음 잡고 앉아

자지러지게 웃음 뿌리는

4월 햇살 한 무더기로

붉어진 하늘빛에 몸 열어놓은 수줍은

봄꽃이 지천이다

삶 · 1

칼날 같은 시간

죽
음
처
럼

늘 깊은 안개 속으로만 걸어야하는 시간
무심하게 풀어져 버린 물안개로
수많은 날들이 지나가고
이쯤에 와서 알아버린 허무함

아
　쉬
　　움
　이
고
〉

그
리
움
이
다

뜨거웠던 만큼

삶 · 2

가끔은 비상구를 따라 목적지 없는 곳으로 빠져나가 보면 과속 페달을 밟고 브레이크 고장 난 자동차로 달리기만 했던 길, 늘 길은 멀고 황량하고 비포장 길이었다가, 습한 계단을 위태롭게 오르고 또 내려와 무심하게 가는 쭉 뻗은 길을 본다. 관절에서 삐거덕거리는 소리가 날 즈음 시간은 과속으로 달려와 턱까지 차오른 산 높이만큼 쌓인 고단한 하루, 은은한 향기 같은 것들이 방안 가득 수명 다 된 형광등 불빛만 밤의 적막을 보듬은 쓸쓸한 시간이란 것을 쉽게 지울 수 없겠지만 수많은 별빛들이 내려와 창문 두드리다 가듯 날마다 낯선 길에서 비틀거리는 우리 일상 수수께끼 같은 답답한 벽이다

개미 밥상

아름다운 풍경

역삼각형이었다가 다시 동그라미만 남기고 몸 굽힌 단풍나무 지상에서 멀어져 옹기종기 다세대로 모여 가늘게 흔들리는 거대한 높이 번뜩이는 그곳, 거리는 얼마였을까?

다시 지상으로 향한 도돌이표처럼 곡간을 위한 고단한 꿈을 향해 머리 위에 집 한 채씩 달고 일렬로 자박거리는 걸음이 아름답다

길바닥에 펴질러진 팽팽한 풍경으로 미끄러져 삐딱하게 걸려있는 햇살 펴 나르는 고양이 발걸음 총총 바빠지는 늦은 오후

쪼그라든 골목길 산그늘 얇게 깔리고 하늘 가득 떠있던 구름 포슬포슬 개미 밥상, 하얗게 꽃으로 피었다

숲, 초록에 물들다

그곳에는
설레는 어제를 기억하는 푸른 냄새
발길이 닿은 곳마다
향기로운 숲은 물빛이다

그곳에는
즐비하게 늘어선 나무들의 뼈대 사이로
푸르게 환희로
헤집고 내려와 안기는 한아름의 햇살
은밀하게 숲에서 초록이 된다

그곳에는
만지면 터질 듯한 그리움 뭉쳐져
지우려 애써도 지울 수 없는 흔적뿐
기억은 초록으로 더욱 진하게 물들인다

그곳에는
비상하는 새들의 날갯짓

눈부시게 출렁이는
빛나는 희망이다

시간

사람들은
밤새 고열로 앓던 그리움 밀쳐두고
일상으로 페달을 밟아간다

시간은 브레이크 고장인가
쉼 없이 달려온 삶의 무게
길을 잃고 침묵한다

이별을 먼저 알아버린 그녀

어둠을 가득 품은 거리
낮 동안 수없이 오고간 발걸음들
뿔뿔이 어디로 갔는지
홀로 하루를 접어가는
빈 공간에 채워지는 것은
시린 고요뿐이다

당신은 누구십니까

천지간에 수천수만 개 태양의 붉은 눈
세상 넓은 곳까지 신비롭게 부풀어
허공을 휘저어 뒤엉킨다

한 뼘만큼의 높이로 여백을 뚫고
무리지어 굴러가다
멀리 떠났다가 찾아온 바람에 풀어지고
다시 지워져버리는 인생의 시간표

지상으로 추락해야 하는 가장 긴 고통의 시간

신호등 무시해버리는 직진을 피해
빠르게 몸 바꾸는 수국처럼
탱탱한 거리로 무너지는 무성한 죽음들

몸 밖에 늘어선 당신은 누구십니까

풍경화

벽에 반듯하게 붙어있는
풍경화 속 아득한 바다처럼
그렇게 멀어져만 가는

파도에 밀려가는 햇살이
살짝 살짝 굽이져서
뒷걸음질 해 오면
많이도 스쳐 지나가버린다 시간은

백열등 불빛에 반사되어
벽면에서 미끄러져
자꾸 멀어져 간다 바다는

물고기들이 힘차게 풀어내는
그곳에서 물비린내 푸들거리는
소금기 묻은 바람이 펑퍼짐하게
벽을 채우는 물안개

〉

파도소리는 멀어지고
불빛에 풍경화 속 바다는
노을빛으로 물들어 조용히 침묵한다

기억과 기역

기억이라고 쓰고 기역이라고 읽는
지나간 날들이 기역 안에 있는지
기억나지 않는 수많은 시간

훌
쩍

늘 뒷모습으로 멀어진다

산 능선에 걸쳐놓은 하늘빛
바다였을 거라 믿어버리는
기역 아닌 기억
풍덩 뛰어들었던 곳
그곳의 시작은
투명한 시간이었을 것이다

맨발로 서서
조금씩 찍어놓았던 어제와 오늘

발밑으로 숭숭 줄지어 놓여있는
구멍 난 삶의 흔적들

세
월

기억에서 기억이라고 읽을 수 있음이
다행이다

비 오는 날

담장 밖으로 늘어진 꽃 넝쿨
능소화 꽃잎
빗물에 후줄근하게 젖어
묻어두었던 속내를 털어내는 오후 3시

늘어선 먹구름은 수평을 이루고
얼핏 엿보다 사라지는 수많은 소리, 그 소리들

수줍게 웃는 능소화의 고백이다

직선과 곡선을 번갈아
수북하게 쌓여가는 물웅덩이
발걸음 옮길 때마다
꽃대 끝에 목을 맨 봄꽃들
흐르는 길에 한 발 앞서 간다

폭우

곳곳에 퍼지는 소리, 누구의 울음인가

한숨소리 세상을 흔들고
그의 눈물에 온 대지가 범람한다

수많은 것들 다 찾아낸 듯
두 눈 부릅뜬 광채
쏟아지는 빗줄기에 몸을 내어준
주인 잃은 길고양이 눈빛이다

비틀거리는 자동차 불빛
빗물에 흠뻑 젖은 채
앙상하게 굽어가는 골목 안으로 쫓기듯
깊숙하게 어둠이 스며들었다

소란했던 세상, 거리는 강물로 출렁이고
어둠이 채워졌던 아파트 숲
깜빡 깜빡 번개 같은 불빛이 번진다

| 제2부 |

그 쓸쓸함에 대하여

날카로운 언어

역사는 스크린을 떠나
걸어왔던 길에서 한 뼘쯤으로
결결이 접혀져 오다가
변명으로 무디어져 가는 것들

펜 끝은 날마다
날카로운 언어만 찍어내고
역사 속에 버려진 슬픈 사연들이
간절한 발자국 꺾어버린다

역사는 밤바다를 까맣게 덮어가고
섬 가득 붉은 동백이 튀어 오른다

정강이뼈가 저릴 쯤
파도는 세월의 껍데기로
바다주름 속 아득한 곳으로 흘러
천둥과 번개처럼 한꺼번에

은밀하게 혹은 날카롭게 찾아온다

산동네 국밥집

새벽부터
타닥타닥 장작 타는 냄새
산동네 적막을 깨우는데
담벼락 밑을 서성대는 길고양이
가로등 불빛에 몸을 움츠린다

수돗물 소리 꺾어져 내리고
어둠 속에서 출렁이는 바람소리
몸 풀고 서서히 드러나는
산동네 마을 풍경
하루의 문이 열린다

마당 가득 퍼진 매운 연기
어제처럼 오늘도
국밥집 아주머니 손길은 음표 단 듯
팔랑개비로 춤을 춘다

산동네 구수한 국밥 냄새

가마솥 뚜껑에 땀방울이 맺히고
달그락거리는 국그릇만큼이나
손님들의 웃음소리
골목 가득 퍼 나르는
정겨운 사람 냄새가 난다

소녀의 기도

범종소리

뜨거운 바람 사이 헤집고

연꽃등 아래

무심의 탑돌이로 번뇌 씻는 예불소리

오월의 햇살

산천을 미끄러지듯 빗살무늬로 퍼져

부처님 오시는 길 환하게 열어놓고

두 손 합장한 소녀의 얼굴

환한 미소가 연꽃 같다

소담스럽게 내려앉은 봄 햇살

법당 마당 가득, 낯선 눈빛들 빛나고

관불의식 받는 아기부처님 환한 미소

번뇌와 고통에서 벗어나

욕심으로 무거운 것들

내려놓고, 비우고, 가벼운 마음 하나

행복으로 채우라시네

엔터키의 비밀

수줍게 밀려오는 봄 햇살
세상 밖으로 움찔움찔 몸 풀어 놓는다

양지 바른 곳
한때 들풀이었을 몸에서
달그락거리며 꽃들이 피어나고
수평을 끌어안고 하루 종일
화면 가득 초록으로 채워놓는다

수줍게 고개 밀어 올리고 비상을 꿈꿔보지만
그 언저리에 그을린 시간만 웅크리고 앉아

어제 꾸었던 꿈들이 두런거리고
눈빛 맑은 여인처럼 수줍은 꽃대궁
한 송이 꽃도 피운 적 없는
주렁주렁 매달린 것은
까마득한 높이의 풍경소리뿐

〉

엔터키 한 번에 화면 가득 채워지는
검게 그을린 침묵입니다

멈추어 선 에스컬레이터

느린 속도로 비스듬히 내려오다

층층으로 밀리는 계단

불빛은 미끄러지는 계단을 따라가

한참동안 먼저 간 층층이만 본다

물 흐르듯 흘러내리다 멈추고

뒤따르던 층층이가 부동으로 서서

무질서하게 흩어지는 사람들의 구둣발

에스컬레이터 계단에 무더기로

빨강 파랑 노랑을 뿌리고

신호등처럼 다시 층층이는

구둣발을 가득 담고 미끄러져 간다

여름밤

사방에서 흘러넘치는 뜨거운 바람
한낮의 무더위가 어둠 안에서 철벅인다

잠을 잊어버린 밤은 훅 달아오르고
탁자 위
바쁘게 돌고 있는 선풍기 날개
한낮 폭염에 지쳐 흐느적거리다
몸집은 풍선처럼 부풀어 올라
가쁜 숨 삑삑거린다

밤이 깊을수록
방안 가득 채워지는 쓸쓸함으로
빈 날개만 흔들고 있는
뜨거운 울음인 것을

타닥타닥 까맣게 타들어가는
등뼈가 아픈 바람소리 멎은 긴 여름밤

새벽은 아직 멀리 있어
투명한 창에 내려온 달빛마저 뜨겁다

위안부

—소녀상 앞에서

소녀는 말이 없다

현해탄玄海灘 건너간 바람처럼
돌아올 수 없는 기나긴 세월

터널 속
어둠으로 진실은 벽으로 막혀
검게 그을린 시간 앞에
날마다 무성한 변명들만
활활 타오른다

진실 앞에 고개 숙여줄 날만
수천수만 날을 기다리다
빛을 잃어버린 소녀들의 일생

위태롭기만 했던 날들은
고스란히 가슴에 상처로 박혀
무심하게 뻗어있는 길 위로

한 줌 흙이 되어 흩어진다

삐딱하게 누운 하늘 아래
소녀는
여자의 일생을 보듬고 앉았다

허무의 벽

새벽 푸른빛이 창밖 벽에 가득 차
병실 안으로 길게 손 뻗어온다

밤사이 수군거리던 요양병동에
침묵이 흐르고
유리벽 너머 또 다른 병동 사이
아침이 성큼 허공을 건너간다

쓸쓸한 생을 매달고 있는
링거 줄
기억도 놓아 버리고
생의 마지막을 기다리는 쓸쓸한 병실

손 내밀어 그리움을 배달해 놓고
멈추어 있던 이별은
아침 문안인사인 양
병실 문을 두드리는 검은 손

〉

호스피스 병실에서 들려오는 찬송가
벽 하나 사이에 두고 이승과 저승이다

거짓

허공을 건너간 아득함으로 펼쳐진 진실은 어디로 갔을까 풀어지는 구름 기나긴 세월에 짓밟혀 어둠 속에 갇혀 목적지가 없는 삶의 비겁함이다 길은 멀고 방황의 늪이 되어 사람들 발목 잡았던 까맣게 그을린 정국 황량한 바람으로 뚝뚝 떨어지는 거짓, 진실은 어디 있는지 철면피 같은 가면을 누가 벗길 수 있겠는가 무성하게 쌓여가는 눈, 눈들 아무것도 볼 수 없어 빛을 잃어버리고 어둠 안에 위태롭게 흔들리는 것들 얼룩진 하늘 쓰윽 문지르고 내려온 검은 빗줄기의 울음이 쇳소리로 운다

설경

하얗게 덮고 싶었나보다 검은 세상 기어가듯 느린 발자국 뒷걸음질로 지워져가는 풍경들 설렘은 투명해져 그곳에 꿈의 발자국 남기고 숲에 남은 내일의 예감 잿빛 하늘에 가려진나 휘어신 골목마다 삐딱하게 펄럭이다 무너지듯 사선으로 내리는 눈발은 두려움을 알았을까? 바람 따라 하얗게 일렁이듯 드러누워 조심스럽게 찍힌 흔적 없는 기억마저 축축하다

풍경 · 1

그렁그렁 한때는 날아오르는 꿈을 꾸었을
욕망 때문에
오래도록 침묵했던 작은 풀꽃
은밀하게 감추었던 붉은 꽃잎들
팽팽하게 당겨지는 수식어들은
모두 튀어 오릅니다

헛헛한 목에 뼈처럼 걸린 메마른 침묵

녹슨 울음이 더욱 낡아 보여
높게 솟은 하늘 벽에
수천 개의 창을 열어젖히고
눈부시게 펼쳐놓은 풍경은

투명해서 더욱 빛나는 그리움입니다

풍경 · 2

언덕 위에 퍼질러 앉은 햇살이 하얗다
등 굽은 능선 넘어온 달달한 바람
사람들은 그리움 저만치 밀쳐두고
일상으로 폐달을 밟아간다

시간은 브레이크 고장처럼
쉼 없이 내달리고
어깨를 짓누른 무게
어디만큼에서 내려놓아야 하는지
침묵은 투명하다

이별을 먼저 알아버린 그녀

어둠을 가득 품은 거리
낮 동안 수없이 오고간 발걸음들
뿔뿔이 어디로 갔는지
홀로 하루를 접어가는 빈 공간에
채워지는 것은
시린 고요뿐이다

풍경 · 3

낮은 천장을 떠받고 시간은 무심하게 흐른다 눈부신 태양은 어제, 오늘도 불꽃같은 뜨거움으로 타올라 빛, 그리고 바람 한꺼번에 솟구쳐 내일 향한 강렬한 오늘을 선택한 삶은 변방으로 퍼져나가는 붉게 이글거리는 태양도 바람의 길을 내어주며 팽팽한 풍경을 뚫고 쉼 없는 시간의 흐름 속에서 감기 바이러스 옮기듯이 늘 곁에 머물러주는 소중한 인연들 삶을 불태우는 이유이며, 자연과 인간의 조화로운 풍경에 담겨지는 생이 끝나는 마지막까지 아름다운 동행이 되어줄 산과 바다 그리고 동서남북 사방으로 늘어서서 허공 가득 풀어놓은 바람, 태양 아래 빛과 그림자의 풍경이 경이롭다

낮게 흐르는 노을 속으로

수평선 가로질러 곡선을 긋고
한 겹 한 겹 풀어 젖히고 앉아
이승과 저승을 잇는
곡선과 직신을 마음대로 그어놓는나

뻥 뚫린 바닷길, 그 길이 한동안 출렁일 때
물보라처럼 하얗게 밀려오는 기억을 더듬고
붉어지는 노을 속으로
수만 번도 더 밀려오고 밀려갔을
바다 길이만큼 늘어져있는 한 생

그립다
책갈피에 빛바랜 사진 한 장
수 십 년 지나온 세월에
미완성 인생으로 오롯이 남아
노을빛이 되어 붉어진다

편백나무 숲

나란히 늘어선 여백과 공백 사이 바람이 자유롭게 사방으로 흐르듯 하나둘 스며드는 풍경, 투명한 하늘보다 더 초롱초롱 뻗은 편백나무 아래 잰 걸음 하는 사람들

마음보다, 총 총 총 발걸음이 앞서는 경이로운 풍경이다 편견 없는 자연의 숲, 결결이 풍경소리로 마음은 정화되어 선한 마음에 두려움도 없고 미움도 없다

편백나무만큼 뻗어가는 마음 따라 바람도 햇살도 나무숲 내음도 하나 되는 날 행복수치는 저울 눈금을 이미 벗어나 버린다

발목 묶고 우뚝 선 편백나무에 초점 잡히고 나무 끝이 궁금해지는 아찔한 생각도 잠시 우수수 비처럼 쏟아져 내리는 하얀 햇살 숲은 풍경화로 눈부시다

7월, 가슴앓이

폭염 같은 가슴앓이를 하는
한 여름 밤

시간은 그 위에서
낮 동안 달구어진 아스팔트 위를
파닥파닥
휘저어놓은 불빛으로 퍼지고
그 속에 갇힌 것은 어둠

수수께끼로 풀리지 않는
과거는 과거대로 맴돌다
스물거리며 멀어져가는
아리한 기억 혹은
추억이라고 말하는 것들

펄펄 끓어오르는 열꽃으로
뜨겁게 출렁이는 7월은
가슴 뜨거운 그리움이다

길고양이

한밤중 고양이 울음소리가 골목을 휘젓고 다니다 가로등 아래 허리 굽히고 들락거리다 사람들 인기척에 화들짝 튕겨져 나온 새끼 몇 마리 퍼질러진 어둠 사이로 어미 고양이의 새빨간 눈에 허기진 배에서 새끼고양이 울음소리가 한가득 고였다 출산의 고통에 꺽꺽 숨이 막혀 뒷골목을 쓸고 지나가는 바람을 불러 세운다 힘없는 꼬리와 두 손은 새끼고양이 젖은 털을 까슬하게 말려 힘없이 떨리는 무릎 세우고 새끼를 품에 안아 마른 젖가슴을 내놓는다 삐딱하게 내려오는 여린 달빛 몇 올, 깊은 골목 안으로 유난히 밝아지는 대문 앞 고양이 출산 음식이 나란히 앉아 어미 고양이를 기다리는 따뜻한 저녁공기 골목 가득 차오른다

낮달의 유혹

오후 3시 여름날 오후 3시, 뜨거움에 삐걱이는 하늘 어루만지는 낮달 느긋하게 영화 감상하는 마음 되어 어둠을 기다리다 훅 달아오른 겁 없는 낮달의 유혹이 태양을 향한 수줍은 몸짓, 덩달아 다가온 바람과 함께 분주한 걸음으로 길을 만들며 가는 구름 밀어 젖힌다 서서히 거리는 좁혀지고 비스듬히 몸을 눕혀 뜨거운 입김만 안개처럼 지상으로 풀어 내리는 사랑의 씨앗들, 더욱 붉어진 태양, 허공 가득 별똥별 같은 낮달 지우고 바람을 안고 사방에서 출렁인다 사랑은 그렇게 시작도 끝도 없이 한참을 맴돌다 바다에 몸 풀어 붉은 노을로 내리고 어둠을 찾은 낮달, 황홀한 기억을 지운다

| 제3부 |

그리움

녹슨 대문

세월이 고스란히 쌓여있는 그녀의 집 문패는 낡은 대문 가장자리에 목을 걸어놓고 발걸음 소리 기다리는데 침묵이 깊어진 창틀이 흔들린다 잠시도 그곳에서 떠나지 않았던 그녀에게 잔인한 세월에 기억을 빼앗기고 아늑한 낭떠러지에 빠진 채 벽을 잡고 버둥대는 그녀, 다시 아이가 되어 익숙했던 길이 낯설어지고 모퉁이 돌아온 바람처럼 어제를 더듬는 눈빛은 초점 없이 흔들려 장승으로 서있는 가로등마저 빛을 잃고 돌담 위에 걸쳐진 그녀의 세상은 점점 유리 파편처럼 흩어져 수직과 사선, 사방에서 곤두박질로 그녀의 머릿속을 뭉개버리고, 그녀는 한 발씩 유년을 향해간다 다시는 밟지 못할 그녀가 밟아가는 길은 푸석한 흙먼지만 안개비처럼 그녀의 뒷모습 덮어간다

주인 떠난 빈집, 반쯤 열린 대문은 온기를 잃었다

수면내시경

잠시 정신을 내려놓고
과거, 현재, 미래를 향한다
소녀는 삐뚤삐뚤 펴지는 기억에 매달려
내장을 컴퓨터 화면에 걸어두고

깊은 잠 속에 갇혔다가
잔잔한 바다를 유영해 보는
정박 중인 유람선으로 승선하고
많은 사람들로 북적였던 여운을 붙잡는다

감았던 눈
무거운 무게로 짓누르는데
낯익은 목소리 꿈결인 듯 아련해

병실문은 사람들의 손에서 달랑거려
풀렸넌 의식이 제사리를 찾는 동안
온몸 구석구석을 헤집고 다녔던 바람
무기력하게 늘어졌던 육체

폐허 속에 내던져지고
다시 뜨거운 바람이 돈다

가을, 쓸쓸함에 대하여

노랗게 은행잎 변해갈 무렵
묵묵히 또 추억을 안고
가을 단풍으로 물들어간다

출렁이는 햇살
어느 곳으로 풀어질지 모르는데
늘 나를 포획해버리는 지난날의 그리움

허공으로 뻗은
손끝에 닿지 않을 만큼의 거리
까마득한 날들의 기억들은
빛살무늬로 내려
언제쯤 잊힐지 모르는 날들이
책갈피처럼 접혀지고
세월은 게으름 없는 걸음이다

애착, 그리고 집착
문득 존재에 대한 두려움이 커지고

과거에 밀린 현실 도피인가
저물어가는 가을,
퇴색되지 않고 그리움 커지는
쓸쓸한 밤

여명

가로등 불빛

벽에 붙은 길고양이 등을 밀어올리고

광채로 빛나는 눈동자에

어둠은 허둥대며 쫓겨 간다

한밤중 골목 안으로

검은 그림자 한 발씩 찍고 가는

얇은 바람 가르는 자전거 불빛

삐걱거리며 평평하게 뭉개지다가

영화의 마지막 장면 같은

깊은 어둠 속으로 사라져 버린다

아득히 먼 곳,

작은 불빛 허공에서 조금씩 흔들리다

서서히

어둠을 향해 지상으로 퍼지는 여명

새벽은, 은은한 멜로디로 흐른다

노도에 가다

구름은 하늘을 머리 위에 두고

뜨거웠던 세월은 식지 않았는지
누렇게 변색한 무명 바지 적삼으로
노도 섬 초옥에 들어 역사를 부른다

아직도 그 세월은
바다를 가로질러온 어미 같이
그곳으로 향한 마음은 멈추지 않고
꿈속으로도 찾았던 바닷길에
낯선 이방인이 되어 꿀렁이는 파도를 탄다

세월은 겹겹으로 접혀져 흘러가고
무겁게 짊어진 조선의 역사여
파도가 하얗게 포효하는 노도 섬에 닿아
담담히 스미어오는 아린 바람소리

무심한 시간 속으로 흐른다

습한 세상

잿빛 하늘
무수히 번지는 변명들
낯선 길 위에 추적거린다

어둠이 무겁게 내려앉은
텅 빈 거리에
너덜너덜 비릿한 소리들

나뭇잎에 머물다 떨어지는
칼칼하게 불어오는 바람에
또 다른 세상 향한 빗장을 푼다

잔잔히 흐르는 낮달
허공에 패인 비안개에 쌓여서
얼룩으로 번진 어제와 오늘
슬픔의 길들은 지워지고
쨍쨍한 햇살이 거리를 채우는
내일을 기다린다

느린 걸음이고 싶다

일직선으로 누워있는 반듯한 길
빠른 바람을 쫓듯이 난폭한 시간

제멋대로 구겨진 비포장 길을 찾아
삐딱하게 느린 걸음으로 걷고 싶다

어제는 찰나에 지나가고
저 멀리 손사래 치며 가는 시간
삐걱거리는 소리로
햇살을 비벼놓는 산그늘 따라
긴 그림자 밟고 내달린다

그렁그렁 바람이 흘러들어온 곳은
아주 오래된 낡은 판잣집
주인의 지문이 마르지 않고
뜨겁게 쪼그리고 앉은 그곳
아득히 멀어진 기억 탓에
낯설다

〉

지난 세월이 클릭되어 오듯
뒷걸음이 될 수 없지만
오늘을 느린 걸음으로 걷고 싶다

희미해지는

그녀의 푸석한 입술에 주렁주렁 매달린 소리 아득했던 삶의 흔적, 울타리 밖 흔들리는 욕망들이 물안개 풀어지듯 그녀에게서 하나씩 지워지고 언저리 맴도는 얇은 기억은 꿈결인 듯 어둠 속 하얀 백지 몇 장 흩날리다 앞마당 가득 채운 미풍에 수줍은 비밀까지 훌러덩 벗어 던진 찢어져 내리는 햇살, 텅 빈 쪽마루에 앉아 간절했던 지난 생을 봅니다 야윈 뼈처럼 하얗게 꽃피워 왔던 기억은 시들어버린 잡풀로 질퍽거리는 마당, 나리꽃 울음이 만발한 세상의 헛것들 한밤중 꿈결에 드나들었던 과거에 묶여 흔적 없는 그리움 질겅거리다 적막한 달빛으로 방안 가득 채워진 시간은 고독입니다 빈집 빨랫줄에 널려있는 그녀의 기억들은 햇살에 까슬까슬 말라가는 옷가지로 나부끼고, 텃밭 가득 저 혼자 무성하게 핀 부추꽃

하얗게 머리 풀고 앉아 한생을 비우는 낯선 곳으로 흐르다 또 다른 길 만들어가는 가벼운 영혼으로 슬픈 눈동자 검게 그을린 외등으로 섰습니다

기억이 지워진 여자

기억을 지운 여자
웃는 모습은 슬프고
눈물 흘리면서도 웃는다

살아온 세월은 조금씩 지워지고
겹겹으로 쌓인 수많은 인연은
가벼운 무게일 뿐
수 십 번씩 반복되는
시간이 흐르면 꿈이었을 것 같은
가끔씩 쏟아내는 말 말

기억을 접고 있는 여자
그리움이 가득한 슬픈 눈이 웃는다

그녀 앞에 오래 서서
한참을 맴돌다 다시 걷는 발걸음 세우고
가까이 오고 있는 이별을 생각한다

빈집

적막 속에서 삐걱거리는 현관문

허물어지는 세월에 기댄 채
온기 없는 쓸쓸함
접어두었던 기억 속 아픔들이
칭칭 감겼던 시간 풀어 놓는다

집안 가득 남아있는 삶의 흔적들
아직도 노모의 지문들이 빼곡하다
허탈의 무게가 꿈틀거리는
주인 없는 방 그리움만 가득 차

마당으로 내려온 시린 바람
마른 잎 밀고 다니다
바스락거림마저 멈추고
나지막이 엎드린
빈집

그곳에는 언제나
쓸쓸한 엄마의 미소가 걸려 있다

탈출구

자꾸 명치끝에서 소리가 난다

빛을 잃어버리고, 어둠 안에서
무성하게 쌓여있었던 굴레
탈출구를 찾는 것이란
아득하기만 한데
허공을 건너간 한 시절
비상구를 찾는다

방안 가득 얼룩처럼 번지는
수명 다 된 형광등 불빛
밤의 적막에도
촛불 띠로 번지는 아! 대한민국
이처럼 습한 세상
작은 촛불 모여 횃불로 밝힌다

분노와 한숨으로
밤잠 설치는 시간

언저리 어디쯤에서
두드리는 북소리에
환하게 밝아오는 여명으로
다시 일어서야 하는
촛불의 힘! 어디에

아찔한 것

사방에 튀어 오르던 바람

돌담 아래 수줍게 앉은 민들레 꽃잎 툭 친다

길바닥에 납작 붙어서

봄 햇살로 출렁이다

산산조각으로 흩어지는 노란 꽃잎들

허공으로 펄럭이는 아찔한 순간

찢어진 벽돌 사이로

탈출을 위한 몸부림이 아프다

자동차 바퀴에 무늬처럼 붙어

반쯤 뜯겨져 나간 노란 민들레

웃는 눈에 고인 눈물이 붉다

길 위에서

늦은 밤, 발길 뜸해진 거리
두런두런 바람에 밀려 달빛은
쓸쓸한 발걸음 옮겨 간다

구부러진 길에 앞만 보고 질주하는
자동차 바퀴소리 멀어져 가고
어둠은 갈림길에서
사방으로 쪼개져 흐른다

순간순간 익숙했던 길이 낯설어
방황했던 지난날
비틀거리지 않고 반듯한 걸음 걸었던 길

눈앞에 늘어선 길 위에서
수많은 사람들, 자동차들
목적지를 향해 걷고 달리고
내일의 희망이었던
어둠 속에서 빛나는 길

알츠하이머에 갇힌 세월

깊은 울림으로 세상 향한 집념은 하루살이 같이 허물어지고 산그늘로 희미해져 가는 가슴은 늘 그리움으로 타닥타닥 소리로 채워져, 푸른 숲은 붉은 햇살로 눈부신데 어머니의 세월은 구름 사이 헤집고 나온 하늘빛으로 아득해 수저리수저리 읊어대는 바람소리로 바닷길에 출렁이는 그리움

요양병동 306호, 병실 안은 온통 고양이 울음소리로 가득하다 붉은 눈의 고양이 한 마리 발톱으로 소리들을 콕콕 찔러 속을 하나씩 헤집어 놓을 때 하얀 벽에 기나긴 삶의 문패를 못질하는 그녀, 손끝은 바르르 한 번 떨리고 다소곳이 앉아 미동 없이 한 편의 드라마처럼 지워져가는 삶의 흔적들, 그녀의 침대 끝에 매달린 살아온 세월의 숫자가 펄럭인다

미련

—치매, 어머니

깊은 울림으로 세상 향한 집념은
하루살이 같이 허물어지고
가슴은 늘 타닥타닥 장작개비 타들어가듯
생채기가 생겨 시린 바람이다

푸른 숲은 숲대로 빛나고
아— 눈부신 붉은 햇살

구름 사이로 헤집고 나온 하늘빛
역사를 담아놓고 주저리주저리
읊어대는 바람소리
귓전을 오래도록 때리고 간다

젊은 날은 휘휘 바람처럼 지났는데
온전한 세월
당신 곁을 떠난 줄도 모르는 어머니

바닷길에 두고 온 사모곡 가락들은

출렁이는 물결 따라 어디로 흘렀을까
밤이면 별처럼 떠돌다
새벽이슬에 내려와
청춘을 돌려다오라는 노래가사로 운다

파도의 집

수평선 너머 머—언 기억들

바다를 가로질러 노도를 채운 그날

구운몽 책갈피에 찔려

갈매기 울음보다 더 슬픈 눈물

꺼이꺼이 뱃고동 소리로 운다

바다를 적시는 붉은 노을

몸 뒤집는 파도의 집

겹겹으로 문이 닫혔다 열리고 다시

눈부심이 파도 안으로 들락거리는 동안

산그늘이 바다를 덮어간다

바다는 조금씩 빗장을 내리는 중이다

시간, 덧없음

묵직한 발목 치켜세워 온몸으로 중심 잡아 지탱해보려 애쓰는데 몸속에 숭숭 구멍이 뚫린 듯 바람이 채워져 흔들거리는 걸음

세월의 덧없음은 몸 구석구석 수없이 빨려 들어가는 그곳 나이테로 얽어매고 녹슨 나는 여전히 유년이 그리워서 생각들은 바삭 말라가고 있다

삐딱하게 계단 오르는 다리에는 쿵쿵 천둥소리로 울리고 누구도 주어진 운명은 역행할 수 없지만 두려움이 점점 온몸으로 스며든 세월의 덧없음에 짓눌린 천근의 무게

잠시 허리 한 번 굽혔을 뿐인데 걸을 때마다 뼈마디에 꿀렁거리는 물소리가 난다

밀려드는 시간, 물컹해진 햇살이 흐르는 길에 오랫동안 청춘이라고 우겨보는 여자의 하루가

구부러진 고무호스 같은 등 뒤에 일몰로 펴지고

시간은 어느새 어둠을 내려놓는다

| 제4부 |

길 위에서

담쟁이 넝쿨

느리게 기어오르는 그대에게
기대라고 내어준 담벼락
팔을 뻗어 길을 만들어 간다

무질서하게 휘어지는 몸 감아올리고
돌담 틈새마다 목숨줄인
실한 줄기 포개어 뿌리 내린다

돌담에 숨겨진 내밀한 그곳
담쟁이꽃 옹기종기 모여
길어진 몸으로 피올린 햇살 한 모금
활짝 몸을 열어
뽀송한 바람에 수줍게 웃어 보이는

돌담, 담쟁이넝쿨 참 다행인 인연이다

블랙홀

지상으로 쏟아지는 눈부신 태양

새로운 시작의 아침을 붉게 물들인다

설렘과 감동으로 오는 강렬하고 벅찬 하루

바람은 길바닥에 미끄러져 허공으로 떠올라

팽팽한 풍경을 끌어주는

싱싱한 한낮의 햇살은 지상으로 한꺼번에

푸르게 쏟아져 내린 곳

거리는 꿈틀거리고

달리는 자동차들은 블랙홀로 빠지듯

휘어진 길로 빨려 들어간다

하루 온종일 거꾸로 매달려

뜨거운 입김만 뿜어내던 태양

바다를 향해 자꾸 기우려지는 곳

바다가 블랙홀이었네

환하게 빛나는 석양이 눈부시다

나이테

서서히 나무뿌리가
바위틈새 걸터앉아 한 겹 한 겹
빛과 그림자로 새겨놓은 나이테

무성해진 주름 사이로
가을햇살 무더기로 내려와
출렁이는 거리 가득 아득한 유년의 기억들
훅 달아오른 단풍잎으로
붉어지는 얼굴

머언 먼
아주 까마득한 세월에
묻었던 추억은 또 거기서 획 하나 긋고

사방에서 새의 날갯짓으로
아련하게 풀어지는 노을
한없이 붉어지는 설렘이다
〉

세월에 맡겨진 모든 것에는
흔적이 남는 것처럼
산그늘에도 진한 나이테가 그어져
거리는 음과 양으로 조화롭다

산길

바다빛으로 누운 하늘은 머리 위를 맴만 돌고 몇 번을 오르고 또 걸어도 무심히 묵언의 무게로 서있는 오래된 노송 두 그루, 정겹다

가쁜 숨소리로 함께 오르는 새들의 소리, 비상하는 날갯짓이 파닥이고 허공을 그득하게 메운 그리운 세월, 손에 닿지 않을 만큼의 거리에서 사방에 퍼지는 눈부신 햇살로 구름에 반쯤 걸린 나뭇가지 흔들고 있다

수직으로 내려오다 살짝 허리 꺾인 바람은 흘러내리는 땀방울을 훔치고 더디게 걸었던 길, 재촉하듯 하산하는 뒷모습 산길 밟아갈 때마다 발밑에 튀어 오르는 땀에 젖은 흙냄새에 발걸음 적신다

산 빛은 푸른 삶의 일기장을 써 가듯 끈적끈적한 하루의 동반자 된 날 메마름의 갈증 같은 그리움 커진다

무심한 바람이 붉다

내가 비켜가지 않아도
그는 이미 나를 넘어버린다
와락 안겨오는 그대
세상은 온통 붉은색이다

어쩌란 말인가

가슴을 뜨겁게 불 질러 놓고
뚝 떨어져나가면 가장 가벼운 자세로
이곳에 내려놓은 시간들
비늘도 없고 지느러미도 없는
팔랑개비로 돌아가는 무심한 바람 같다

내가 사랑한 무게만큼

그렇게 함께 갈 수 있는 참 다행이지 싶은 날
발끝에 닿을 만큼 와서는
바스락 바스락 가슴에 생채기만 남기고
조용히 눕는다

이방인

가는 곳마다

처음은 아니었을 길에서

낯선 이방인의 발걸음들 모이는 곳

거리 가득 바람소리 밀고 갈 때마다

위태롭게 퍼질러 놓은 기억들

바람으로 지나가고

가끔씩 찾아오는 감기 같은

가슴에 생채기로 남은

잊히지 않을 만큼 그림자로 서성이는

등 굽은 동백나무 붉습니다

늦은 뒤에

끝없는 방황은 언제쯤 멈출 것인가

어느 날 내 몸은 감금당하고
천 년쯤 지난 팽창된 지구에서 산산조각으로
세상 밖으로 튕겨져 나왔겠지
아마 미로 같은 곳을 허우적이다
하나씩 그곳에서 탈출을 했을 것이다

용광로처럼 달구어진 지구에서
온몸이 병들고 가려움으로 몸부림치는
몸을 따라
수직으로 떨어지는 폭포수
위대한 자연의 이름 앞에 항복할 것이다
이미 늦은 뒤에

다시 하얀 세상을 꿈꾸어야 하는 몸부림

겨울, 시리다

흩어진 생각들을 쓸어 담습니다
뽀족뽀족 튀어나온 언어들에게 찔린
상처를 닦아냅니다

어제와 또 어제
멀어져간 시간들이 고스란히 쌓여
굳은살처럼 박혀있는
어쩔 수 없이 내 몫인 그리움
그리울수록 더욱 그립습니다

어둠 속에 오래도록 나를 잡아둔 채
휘어진 거리에 바다를 탈출한 물고기처럼
파닥이는 시간은 풍선처럼 부풀어
어둠을 천천히 풀어놓고 조금씩 기우는 풍경들

휘청거리다 먹먹해진 하루를 지워냅니다

서둘러 밟아가는 길

자욱한 안개로 깔린 낯선 길

구깃구깃 접혀져버린 채
무리지어 발걸음 놓인 곳마다
추억이라고 말해야 하는데

삶의 흔적들이 바람결에 떠밀려
짧게 스치고 지나가는 한 생이 되는 길

사람들은 누구나 세월에 흘러오면서
발길에 닿았던 굴곡진 마디마디를
구부러진 허리 펴듯 서둘러 꺾어가고
무심코 지나쳐가는 낯선 사람들

조용히 밟아가는 역주행으로
먼먼 시간을 거슬러 꿈을 꾸었던 길
서둘러 밟아간다

동백꽃 필 때

소리 없는 몸부림

여전히 심장 박동은 빠르게 뛰고
목이 잘려나간 자리에서 새 살이 차올라
몽글몽글 모가지가 자라납니다
온몸으로 키워낸 붉은 꽃잎
햇살도 그 안에서 뜨겁게 웁니다

길바닥에 퍼질러 앉아
온통 욕심으로 채워진
부끄러움을 어찌 합니까

역사의 한 페이지가 붉은 눈물로 얼룩지고
동백은 바닥에 엎드려
통한의 눈물로 거리를 흠뻑 적십니다

길 끝에서부터 오는 기억들은 그리움
걸어왔던 날들이 높은 숫자로 쌓여

허무의 시간들은 동백꽃잎 떨어지듯
뚝뚝 떨어지는 것은 어쩔 수가 없습니다

길을 홍건하게 적시는 붉은 동백입니다

상처, 아픈 바다

아찔한 깊이에서 끓어오르는
뱃고동소리 사라진 그곳

회오리바람으로 돌아오는
세상 향한 아우성
낯 뜨거운 손짓으로
부끄러운 얼굴에 쓴 가면처럼
한 발도 다가서지 못하는
그들은 알고 있을까

울부짖는 소리
허물처럼 벗겨져 가는 물결 위로
소년, 소녀들의 슬픈 눈동자
온 바다를 노랗게 덮어놓고
아프다

그날의 아픈 상처 수면 위에 수북하게 떠오르고
〉

뭍으로 닿을 수 없는
하얀 웃음들 어디에 두고
잊히지 않을, 잊지 못할
세상 밖으로 흩어진 소년, 소녀들
함부로 이름조차 부르지 못해
깜깜한 기억들 지우고 싶은
수평선 너머 바다는 울퉁불퉁 솟아오르고

추적추적 비 되어 수직으로 내리는 울음, 더욱 아프다

햇살 팽팽한 오후

바람에 팽팽하게 맞선 뜨거운 햇살

수십 년 전의 기억들

직선으로 내리꽂힌 바늘에 찔린 따가움

무대 위, 광대의 뜨거운 몸짓으로

바싹하게 말라가는 소리

변두리에 비켜서서

어둠을 기다리는 낡은 조명

아직 길게 늘어져있는 쨍쨍한 햇볕

허공에 푸른 기억으로 매달려

여름날 뜨거움은

식을 줄 모르는 그리움 퍼 나른다

구겨진 것에 대하여

까닭 없이 아프다

밤늦도록 퍼부었던 빗줄기

옥상에서 떨어지는 배관 옆으로

구겨져 앉아 아무 일 없다는 듯

허리를 폈다 다시 구부리고

무심결에 수직으로 하강하는

하나씩 풀어내는 슬픔이 흘러나온

초라한 비명소리

구겨진 좁은 골목으로 흘러들어간

굽어서 흐르는 쓸쓸한 새벽

흑백사진

어디까지 스며들었는지

앨범 속 몇 십 년 흘러버린 시간들
곰팡이 냄새로 찌든
유년은 그곳에 쭈그리고 앉아
투박한 손가락 사이로
표정 없이 웃는다

울퉁불퉁 굴곡진 삶
오롯이 머물러준 건 추억뿐
등 뒤에 그림자로 선
푸릇한 기억을 만진다

낡은 벽시계 밤새 불면증으로
단단한 벽면에 숫자 3을 붙이고
한 뼘 높이 하늘에
하얗게 늘어선 새벽별
무더기로 쏟아져 내리고

사진첩 속 소녀, 어둠을 덮는다

백발 되어

깊은 숲일수록 낮게 흐르는 바람소리

가슴에 묶어둔 운명의 끄나풀

70년 세월 백발 되어

남에서 북으로 북에서 남으로

마음은 한 곳에 뿌리 내리고

한숨으로 키운 그리움

비틀거리는 육신 부여잡고

돌덩이 된 가슴 풀어내며

기억에도 없는 기억 더듬는

눈동자에 맺힌 한스런 눈물

기다림이 살아가는 이유였던

수 십 년 세월

지친 생의 허무함으로

마지막이 될지 모를 기약 없는

무거운 걸음 옮긴다

가을, 바이러스

하늘이 하얗게
수십 년 수행의 길 걸어온
여인의 뒷모습처럼 야위어간다

한 아름 꽃으로 피어난 무심의 인연
법당 안, 가장 낮은 자세로 엎드려
빈 공간을 덮어가는
참 편안한 침묵

자신의 몸을 녹여가는 촛불처럼
되풀이되는 그녀의 기도소리
법당 안 향 냄새로 가득 차

무릎과 무릎 사이로 합장한 두 손
바닥보다 더 낮은 마음으로 내려와
선한 마음 겸손을 배운다

법당 마당, 길게 내려온 산 그림자

성불 받은 붉은 꽃잎들
바람에 그들의 몸이 날릴 때마다
거리에는 시월의 별이 뜬다

새벽을 기다리다

시작에서 끝은
얼마만큼의 거리와 시간인지
굴곡진 삶의 언저리

정직하게 등장하는 흐름에
그대로 순응하고 있다

살아갈수록 두꺼워진 인연들
익숙함이 다시 낯설어지는
언뜻 언뜻 떠오르다
머릿속을 지우개로 지워버린 것처럼

한 줄의 시도 쓸 수 없는 밤
끝을 모르면서 흘러가는 시간
깊은 밤, 머릿속을 가득 채우는 것

어디만큼 오고 있을까
불면증에 잡혀 기다리는 새벽

여백

한순간 그림자도 지우는 흐린 하늘
지나온 세월은 어느새 지워지고
빈 마음으로 돌아서는 공허함으로
목울대 눌렸던 울음이
벚꽃 잎 떨어지듯 흘러내리는 눈물

하늘 가운데 듬성듬성 구름으로 덥혀가는 잿빛 하늘

빗물은 푸른 숲에 일직선으로 내려와
수시로 몸 바꾸는 비구름 사이로
회색빛 하늘 가장자리
조금씩 여백을 만들어 놓는다

수채화 같은 아름다운 길
하나씩 발자국 찍으며 머물지 않고
휘어져 흐르다 사라지는 깜찍한 몸바꿈은
지상과 하늘 사이 여백으로 남은
허공인 것이다

|해설|

존재를 전환하는 시간의 두 양태

—황길엽 시의 의미

백인덕 | 시인

1.

경험이 일천한 필자는 고작 비유라고 해봐야 설악산 '울산바위' 정도를 떠올릴 수 있을 뿐이지만, 바위는 시간을 살고 있는가라는 질문은 세상 그 어떤 돌(광물)에게 던져도 다 옳은 질문이 된다. 단언컨대 바위는 시간을 살지 않는다. 그것이 겪는 풍화작용은 자연의 이법에 따라 변화하는 물질의 양태를 보여줄 뿐, 굳이 시간이라는 측정 지수를 대입할 필요가 없다. 바꿔 말하면 '시간'은 오직 인간 존재의 근거와 변모를 한눈에 파악하고자 하는 필요에서 만들어진 상수일 뿐이라는 것이다. 발생하고 성장(쇠퇴)하다 소멸하는 운명은 우주의 근본법칙이지만 그것이 한눈에 들어오는 것들, 유정한 것들은 이 우주에서 차지하는 비중이

매우 낮다. 매일 밟고 뽑아대는 잡초마저도 우리 행성과 가장 가까운 달이나 수성, 화성에서는 단 한 포기도 만날 수 없는 귀중한 존재다. 시간은 오직 인간의 지표이기에 인간이 자신에게 부과한 형벌과 같다고 해도 별로 틀린 말이 되지는 않는다.

황길엽 시인은 한 차례 시간의 폭풍이 거세게 몰아친 다음에 찾아온 일종의 평온, 폐허 위에 깃든 불안한 평화를 목도目睹하는 화자의 심정으로 타자의 것이면서 동시에 내 것이 될 시간의 잔인함을 생각한다. 그 불편한 욕망에 빠져든다. 이번 시집에는 「알츠하이머에 갇힌 세월」, 「련—치매, 어머니」 같은 치매를 앓는 노모老母와 관련한 몇 편의 작품이 수록되어 있다. 시인이 생생하게 되살릴 수 있는 기억과는 영 딴판으로 자신을 잃어가는 이의 모습을 곁에서 지켜보는 것은 잔혹한 일이다. 시간의 비정함은 그 어떤 수사도 없이 생생한 현실로 얼굴 앞에 들이닥친다. 그 회한 앞에서 시적 장치를 생각하기 이전에 감정을 추스르고 오롯이 받아내는 것도 여간 버거운 일이 아닐 것이다. 하지만 시인은 마땅히 현실 앞에서 반걸음쯤 앞이나 뒤를 생각할 수 있는, 아니 생각해내야 하는 존재다. 그것이 시인의 숙명이다.

적막 속에서 삐걱거리는 현관문

허물어지는 세월에 기댄 채
온기 없는 쓸쓸함
접어두었던 기억 속 아픔들이
칭칭 감겼던 시간 풀어 놓는다

집안 가득 남아있는 삶의 흔적들
아직도 노모의 지문들이 빼곡하다
허탈의 무게가 꿈틀거리는
주인 없는 방 그리움만 가득 차

마당으로 내려온 시린 바람
마른 잎 밀고 다니다
바스락거림마저 멈추고
나지막이 엎드린
빈집

그곳에는 언제나
쓸쓸한 엄마의 미소가 걸려 있다

―「빈집」 전문

결국 무엇이 남는가? 사람은 가고 "적막 속에서 삐걱거리는 현관문"을 열고 들어서는 화자가 남는다. 기억의 보유자로서, 보다 정확하게 말해 떠난 사람을 증명하는 존재로서

'나'가 남는다. 그 '나'는 "접어두었던 기억 속 아픔들"을 일일이 풀어내며 아직도 빼곡하게 남아있는 '노모의 지문'을 하나씩 지워나가야 한다. 아니 '빈 집'에서 자신의 '가슴'으로 옮겨 새겨야 한다. "쓸쓸한 엄마의 미소가 걸려있"는 빈 집은 빈 집인 채로 두고 시인 스스로 자신의 집에 또한 흐린 지문을 빼곡하게 남겨야 한다.

시간, 존재 그리로 무無라는 절대 앞에서 숙연해진다는 것만으로는 시인으로서 자기 본분을 다했다고 할 수 없다. 결론을 앞서 끌어 붙이자면, 황길엽 시인은 이 절대적 난제를 앞에 두고 시간과 존재와 무의 관계를 궁리한다. 즉 살아낸 시간의 양태와 살고자 하는 시간의 양태를 갈라 세워 시시각각 무화無化하는 시간의 폭압에 맞서고자 한다. 그 자세는 아래 인용하는 「가벼워지기」라는 작품에 효과적으로 응축되어 드러난다.

> 직선에서 곡선으로
>
> 허공을 찍고 지상을 향해
> 휘어져 내리는 바람
>
> 발걸음이 철벽일 때마다
> 변덕스럽게 흔들어대는 욕망은
> 부질없다고 비우면

허허로운 바람으로 부풀어

풀어지는 바람처럼 추억이나 기억은
조금씩 멀어져 가는 풍경으로 밀쳐두고

길바닥에 주저앉은 햇살 한 움큼
손바닥에 올려놓으면 그 무게만큼
곡선으로 휘어져서
찰나에 가벼움으로 흩어져 간다

촘촘하게 살아온 지난날의 욕망도
비우는 만큼 또 다른 설렘이다

—「가벼워지기」 전문

거두절미한 채 시인은 "직선에서 곡선으로"라는 단도직입을 택한다. 따라서 '직선과 곡선'은 단순한 양태나 지시가 아니라 보다 깊은 존재적 전환의 선언이라고 읽어야 한다. 그만큼 무게가 느껴진다. 그 무게를 시인은 "길바닥에 주저앉은 햇살 한 움큼/손바닥에 올려놓으면 그 무게만큼/곡선으로 휘어져서/찰나에 가벼움으로 흩어져간다"고 절묘하게 표현해내고 있다. 손바닥에 올려놓은 햇살 한 움큼의 무게가 얼마나 될까? 몇 mg도 채 되지 않을 것이다. 하지만 시인은 그 무게만큼 '곡선으로 휘어져서' 생의 비의悲意를 발견한다. 지구라는 우리의 행성에서 나라는 존재 하나를 소멸시킨다 해도 지상에는 여전히 칠십 몇 억의 인간 존재가 건재하고, 그들의 시간은 어떤 방해도 받지 않고 흐른다. 과연 그럴까? 나의 소멸은 상대적으로 나에게서 온 우주가 지워지는 것을 의미한다. 따라서 나와 우주는, 좁게 말해서 나와 타자는 오직 시간 위에서만 맺히고, 결국 시간에 의해서만 풀리는 매듭과 같다.

2.

일상을 철학적 테마로 끌어올린 것은 앙리 르페브르다. 그는 현대인이 공유하는 병적 상태로서 '일상성'의 문제를 파고들어 일상성의 속성과 그것이 개별 존재들에게 미치는 영향, 즉 시간과 공간에 대한 관념, 가족과 이웃 나아가 타자들에 대한 관념이 바뀌고 있음을 정확하게 지적한 바 있다. 일상성이란 결국 '단순성, 반복성, 자동성'이라는 성질을 갖는다. 출퇴근 시 지하철을 이용하는 도시인은 계단을 올라가거나 승강장 게이트를 통과하거나 객차에 오르거나 내릴 때 자기 행위를 거의 인식하지 않는다. 지극히 정상적으로 작동하는 일상에서는 결코 경험이 되지 않는 행위다. 이 행위들이 쌓여 세월을 만들고 우리는 그 과정을 잊은 채, 세월에 등 떠밀린 느낌 속에 지하철 이용이 불편해진 다음에야 그것이 굉장한 에너지를 필요로 하는 존재의 사태였음을 깨닫게 된다. 즉 일상은 자기 힘으로는 걷어낼 수 없지만 어차피 벗겨질 장막帳幕이라는 것이다.

눈썹달 같은 신호, U턴이다

불빛들 길을 쫓아 흐르고

반대편으로 미끄러져 가는 자동차

건너편 풍경들 다시 돌아와

길 가장자리

거만스럽게 버티고 선 신호등,

방향등 무시하고 360°로 회전한다

인생이 달리는 길에는

신호위반, U턴이 없다

세월 흐름에 직진으로만 지날 뿐

U턴도 정지신호도 없는 인생길

하루는 왔다가 또 하루를 만나는

반복의 연속에 늘어가는 인생의 나이테

삶의 부피는 모두

묵묵히 공유하는 시간에 채워진다

—「인생에는 U턴이 없다」 전문

그렇지 않은가, "인생이 달리는 길에는" 정지신호도 없고 U턴도 없다. 따라서 신호위반은 아예 성립하지 않는다. '반복의 연속'에 늘어가는 것은 '인생 나이테' 뿐이고 "삶의 부피는 모두//묵묵히 공유하는 시간에 채워"질 뿐이다. 이 허무한 심사는 "기억을 지운 여자/웃는 모습은 슬프고/눈물 흘리면서도 웃는"(「기억이 지워진 여자」) 존재를 망연히 바라보아야만 하는 상황에 이르러 더욱 배가 된다. 누가 모르겠는가, 인생의 어느 시점부터는 성장은 곧 쇠퇴에 동의어가 되고 그 다음은 절대적 한계상황으로서 죽음이 기다리고 있다는 것을. 그러나 그 이전에 먼저 기억이 지워진다는 것은 자기 동일성이 파편으로 조각나 이른바 '정체성'을 잃는 사태를 지칭한다. 자기 자신은 물론 모든 관계들에서 홀로 섬처럼 떠있게 되는 상황은 아무리 생각을 거듭해도 두렵다. 「시간, 덧없음」을 각인하는 노모의 힘겨운 발걸음 앞에서 그래도 시인은 "나이테로 얽어매고 녹슨 나는 여전히 유년이 그리워서/생각들은 바삭 말라가"는 시간을 회피하지 않는다.

주지의 사실이지만, 사진첩이나 오래된 책갈피, 거울 등은 자기 성찰을 촉발하는 계기繼起로 작동하는 대표적인 이미지이고 동시에 '그리움'을 자극하는 공감적 어휘이기도 하다. "앨범 속 몇 십 년 흘러버린 시간들/곰팡이 냄새로 찌든/유년은 그곳에 쭈그리고 앉아/투박한 손가락 사이로/표정 없이 웃는"(「흑백사진」) 자신을 발견하는 것은 그리움과 서러움의 이중적 감정을 동반하는 일일 수밖에 없다. 낡은 사진은 그때가 분명히 존재했다는 확실한 표지이면서 또한 그 시절이 다시 회귀할 수 없다는 것 또한 무섭게 각인하기 때문이다. 따라서 "고요한 밤, 울컥/목울대를 흔들어 놓고/여자는 대각선으로 서서/지난날들을 펼쳐든다/어둠 안에서 술렁술렁 아련하게 떠오"(「거울 속 여자」)르는 환영처럼 자신의 유년으로 되돌아갈 수 있을 뿐, 생생한 현실로서 그 시간을 다시 살 수는 없다.

황길엽 시인이 '기억, 유년, 시간' 등을 통해 환기喚起하는 '삶'은 허무감을 넘어 비극적 정서로까지 이어지는 것으로 보인다. 그러나 그 전부가 일상에 사로잡힌 무자각의 세월만은 아니었음을 시인은 다음 인용 작품을 통해 간결하면서 시각적으로 확연하게 드러낸다.

칼날 같은 시간

죽
음
처
럼

늘 깊은 안개 속으로만 걸어야하는 시간
무심하게 풀어져 버린 물안개로
수많은 날들이 지나가고
이쯤에 와서 알아버린 허무함

아
 쉬
  움
 이
고

 그
  리
   움
 이
다

뜨거웠던 만큼

—「삶 · 1」 전문

작품의 형태를 통해 한눈에 드러나듯이 시인이 견뎌야 했던 시간은 '칼날' 같았고, '죽음처럼' 직선으로 내리꽂히기만 하는 형상이었다. 그 시간을 견뎌내는 쓰라림은 「흔들리는 사월」, 「여름밤」, 「가을, 쓸쓸함에 대하여」, 「겨울, 시리다」 등 4계절에 두루 걸쳐 편재遍在하여 나타난다. 이 한 가지 사실만으로도 시인의 고통을 충분히 유추할 수 있지만, 앞의 작품에는 "늘 안개 속으로만 걸아야 하는 시간"이었다고 스스로 확인한다. 사실 극단의 허무감이나 상실감은 비극적 정서와 무관하다. "뜨거웠던 만큼" 삶에 짙게 드리워진 '아쉬움과 그리움'을 정면으로 직시하는 자세만이 비극적 정서를 통해 일종의 카타르시스를 겨냥할 수 있을 뿐이다. 시인은 '죽음'과 달리 '아쉬움 그리움'을 곡선으로 휘게 함으로써 이미 알게 된 '허무함'에서 새로운 생의生意를 찾아내고자 한다.

3.

기억과 시간에 대한 연구로 널리 알려진 베르그송은 "실제로 우리는 과거만을 지각하며 순수한 현재란 미래를 침식하는 과거의 파악할 수 없는 진전이다."라고 주장한 바 있다. 존재로서 우리는 현재라는 시간을 '기대'라는 이름을 갖고 살아가는 듯하지만, 그 기대란 과거의 기억이 현재화한 욕망의 다른 이름일 경우가 거의 대부분이다. 우리 일상은 그렇게 지배당하고 심지어 특별하다고 믿으며 품는 '희망'조차도 그렇다.

내가 비켜가지 않아도
그는 이미 나를 넘어버린다
와락 안겨오는 그대
세상은 온통 붉은색이다

어쩌란 말인가

가슴을 뜨겁게 불 질러 놓고
뚝 떨어져나가면 가장 가벼운 자세로
이곳에 내려놓은 시간들
비늘도 없고 지느러미도 없는
팔랑개비로 돌아가는 무심한 바람 같다

내가 사랑한 무게만큼

그렇게 함께 갈 수 있는 참 다행이지 싶은 날
발끝에 닿을 만큼 와서는
바스락 바스락 가슴에 생채기만 남기고
조용히 눕는다

—「무심한 바람이 붉다」 전문

어쩔 수 없는 건 '세월'만이 아니다. 시인에게 남겨지는 "머언 먼/아주 까마득한 세월에/묻었던 추억"(「나이테」)이 긋는 '획 하나'도 어쩔 수 없다. 따라서 "이미 늦은 뒤에/다시 하얀 세상을 꿈꾸어야하는 몸부림"(「늦은 뒤에」)만 남았다는 인식은 옳은 방향을 지시하고 있다고 할 수 있다. 그것이 끝나기 전까지는 단속斷續하지 않는 시간에 맞서는 한 방식이기 때문이다. 앞의 인용 작품의 경우 시인은 "내가 비켜가지 않아도/(…) 나를 넘어버"리는 석양 무렵의 바람에게서 일종의 '무심함'을 읽는다. "가슴을 뜨겁게 불 질러 놓고" 어쩌란 말인가, 탄식을 뒤로한 채 "내가 사랑한 무게만큼" 그것은 "가슴에 생채기만 남기고/조용히 눕는다" 이보다 더 무심할 수가 없다. 그러나 이렇게 눕는 바람이 '붉다'라는 것은 또 무슨 의미일까. 형용사로서 이미 성질의 변화를 가져온 것이든, 자동사로서 눕는 행위와 동시에 질적 변화가 왔다는 것이든 어느 쪽으로 읽어도 시인의 의도는 '바람'이 더 확장하자면 '세월(시간)'이 다 무심한 것만은 아니라는 역설을 드러내고 싶었을 것이다.

이번 시집에서 황길엽 시인은 '직선에서 곡선으로 바뀌는 형상'에 주목하고 있다. 직선을 표상하는 것들은 도시의 거리이고 인공의 불빛들이고 앞으로 밀어붙이기만 하는 시간이다. 시인은 그 시공간에서 늘 존재의 위기를 겪었다. 이는 '허무감과 그리움'이라는 두 정서 반응으로 시집 곳곳에서 배어나고 있다. 하지만 거기서 멈추지 않는다.

투명했던 거리는 붉게 흔들리고
곡선을 그리며 봄이 깊어진 길에
날카롭게 혹은 부드럽게 내려오는 봄 햇살

—「꽃, 피었다 지고」 부분

봄은 투명한 햇살로 쏟아질 때는 직선이었지만, 깊어진 이후 꽃잎이 질 때는 곡선의 형태를 취한다. 늘 투명(투명하다는 것은 최단 거리가 한눈에 들어오기에 직선의 표상이 될 수 있다)했던 거리도 '깊어진 길'로 다시 보이게 된다. "빛났던 시간, 한참을 서성이다 나란히 꽃"이 되는 경이驚異를 만날 수도 있다. 곡선은 그리움을 껴안고 완벽하게는 아니더라도 회귀하듯 지나왔던 쪽을 향해 몸을 비틀면서도 앞으로 나아가는 방식이다.

일직선으로 누워있는 반듯한 길
빠른 바람을 좇듯이 난폭한 시간

제멋대로 구겨진 비포장 길을 찾아
삐딱하게 느린 걸음으로 걷고 싶다

어제는 찰나에 지나가고
저 멀리 손사래 치며 가는 시간
삐걱거리는 소리로

햇살을 비벼놓는 산그늘 따라
긴 그림자 밟고 내달린다

그렁그렁 바람이 흘러 들어온 곳은
아주 오래된 낡은 판잣집
주인의 지문이 마르지 않고
뜨겁게 쪼그리고 앉은 그곳
아득히 멀어진 기억 탓에
낯실다

지난 세월이 클릭되어 오듯
뒷걸음이 될 수 없지만
오늘을 느린 걸음으로 걷고 싶다

—「느린 걸음이고 싶다」 전문

우리는 시간 자체를 방해하거나 지연할 수는 없다. 시간은 끊임없이 직선 운동을 고집할 것이고, 기억은 점점 희미해져가고 일상의 속도를 따라잡기는 그만큼 더 힘들어질 것이다. 하지만 그 사실 위에서 황길엽 시인은 또 다른 자기 방식을 찾아낸다. "제멋대로 구겨진 비포장 길을 찾아/삐딱하게 느린 걸음으로 걷고 싶다"는 바람을 가능성에서 현실로 전환하는 것이다. 심지어 시인은 "지난 세월이 클릭되어 오듯/뒷걸음이 될 수 없지만/오늘을 느린 걸음으로 걷고 싶다"고 한다. 곡선과 느린 걸음이 만나 시인이 '그리움'이 오직 유일한 색과 질로, 방식으로 계속해서 피어나기를 기대해 본다.